Oscar Garcia Fernandez

Gesegnet von Gott

AF189695

Oscar Garcia

Gesegnet von Gott

Herstellung und Verlag:
BoD- Books on Demand, Norderstedt

ISBN: 978-3-7481-1002-6

Vorwort

Gedanken und Weisheiten eines von Gott gesegneten Menschen.

Gesegnet von Gott

Herr, mache die Psychiatrien wieder zu heiligen Orten, nicht zur Irrenanstalt.

Die Furcht Gottes ist eine Gabe des Heiligen Geistes. Die Ungläubigen haben so etwas nicht.

Zur Ehe.

In der modernen Ehe gestaltet jeder seinen persönlichen Schwur, wie z. B. Gott segne diese Beziehung oder z. B. dass ich Dich nicht wegen einer anderen Frau oder einem anderem Mann verlassen werde.

Wie gesagt, jeder erhält seinen persönlichen Schwur, den dann der Priester oder Pastor bestätigt.

Im Mittelalter hat man geheiratet, um eine gesicherte Zukunft zu haben. In der heutigen Zeit heiratet man, weil man Flöhe im Bauch hat. In der modernen Welt heiratet man „weil alles, was Du mir gibst, so unendlich gut tut". Und schwört nicht etwas, was ihr zu 99,9 % nicht halten könnt, die Engel hören euch zu.

Was die bekloppten Katholiken aus der Ehe gemacht haben. Die Ehe soll

eine Bereicherung sein, kein Gefängnis.

Zu den Asylanten

Völkerwanderungen gab es schon immer. Bei Hungersnöten, Kriegen oder Ähnlichem.

Sie passt aber im 21. Jahrhundert nicht mehr rein.

Es ist auch das Problem des 21. Jahrhunderts, das löst man nicht zwischen 2 Tassen Kaffee oder indem man einfach eine Mauer baut.

Nicht Dieselfahrzeuge sind das Problem, sondern Völkerwanderungen sind das Problem des 21. Jahrhunderts.

Ich verrate euch auch ein kleines Geheimnis: Das ist nicht nur das Problem, das wird auch das Problem bleiben, egal wen ihr wählt.

Zweitens: Probleme bekämpft man nicht, man löst sie. Manche Probleme lassen sich nicht lösen, dann hält man sie so gering wie möglich.

Politisch Verfolgten sollte man immer Asyl geben.

Ich liebe das Leben

Ich liebe nicht nur das Leben, ich respektiere es auch.

Es gibt die Himmel, die Welt, die Unterwelt und es gibt die Hölle.

Ich weiß nicht genau, was die Hölle ist, aber ich glaube, das weiß keiner.

Paulus hatte keine Angst vor der Hölle.

Ich kann mir vorstellen, dass es die Hölle nur nicht gibt und dass die Hölle der ewige Tod ist. Wie gesagt: ich weiß es nicht. Aber wenn der

Pastor sagt: „Möge er in Frieden ru-
hen", ich kann mir vorstellen das ist
die Hölle.

In einer Diktatur gibt es keine Probleme. Die werden abgeschafft.

Da werden die Probleme in den Knast gesteckt oder sonst irgendwo.

In einem gesunden, modernen Staat lebt man die Probleme.

Kaum löst man ein Problem, ist auch schon das nächste da.

Wenn die Probleme bei 5 % liegen, ist das o. k. Wenn die Probleme bei 30 % liegen, wie bei Griechenland, dann läuft irgendwas falsch.

Idole sind wichtig für Kinder. Das entspricht 80 % der Erziehung. Und das können sie als Eltern bei den Kindern steuern.

Ich kannte einmal einen Typ, der hatte als Idol einen drogensüchtigen Musiker und ist später selber drogensüchtig geworden.

Gott ist keine Emotion und Glaube auch nicht.

Odio a los espabilados.

Conoscia un ospicio donde

entraban cientos de personas

llegaron cinco espabilados

y se cargaron tol ospicio.

Cinco espabilados en la

direcion de una ciudad se

cargaron toda la ciudad.

Los espabilados se cargan todo.

A los espabilados digo os wais amorir de toda las maneras.

Ich habe Angst vor Besoffenen.

Als Judas Jesus verriet, war er besoffen.

Natürlich nicht. Das soll nur ein Beispiel sein.

Wäre er besoffen gewesen, hätte er noch mildernde Umstände gekriegt.

Zu den Freikirchlern sage ich:

Euer Jesus ist so klein, ihr habt mehr Respekt von dem Chef von Vorwerk als vor'm Herrn. Aber besser als gar kein Jesus.

Man fragte mich, ob Selbstmord Sünde sei.

Jeder man bringt sich einmal um. Der eine bei 20 Problemen, der andere bei zwanzigtausend Problemen.

Und das ist ein Geschenk. Tiere können so etwas nicht.

Die meisten denken, die Gleise für ihre Zukunft legen sie in der Kindheit.

Das stimmt nicht.

Zu 70 % werden sie in der Jugend gelegt.

Wenn ihr nicht erwachsen werdet, werdet ihr nie in den Genuss kommen, von Sex, Verantwortung, oder ähnliches.

Ihr werdet ein Leben lang mit Playmobil-Figuren spielen.

Erwachsen werden ist nicht schwer. Ihr müsst nur bereit sein zu leiden. Alles andere geschieht von selbst.

Wenn ihr nicht leiden wollt und mit 14 schon Erwachsen spielt, dann werdet ihr immer ein dummes Kind bleiben.

Wie gesagt: Wenn ihr nicht leiden wollt, werdet ihr immer ein dummes Kind bleiben.

Als Jugendlicher, das ist die schwerste Zeit eines Menschenleben, ist man kein Kind und kein Erwachsener. Man ist rein gar nichts.

Glück kann man nicht kaufen. Egal wieviel Millionen ihr anstrebt.

Aber glücklicher werden kann man lernen.

Die Reichen kriegen auch alles kaputt. Es liegt in ihrer Natur, Ghettos zu bauen. Ein Glück, dass es von dieser Sorte nicht viele gibt.

Sollen doch die Reichen ein Ghetto für sich bauen und sich selber darin einsperren und den Genuss von Freiheit nie genießen.

Die meisten Reichen, nicht alle, aber die meisten, sind doof. Ich weiß nicht, ob Geld doof macht.

Man muss doch nicht doof sein, wenn man Geld hat?

Ich habe nichts gegen Geld, aber auch nichts dafür.

Komisch, dass man in der Schule nicht das Thema Geld hat.

Dabei entspricht das einem großen Teil unseres Lebens.

Ich habe nur wenige Menschen kennengerlernt, die mit Geld umgehen konnten. Ich meine, man sollte das in der Schule lernen. Man lernt in der Schule so viel unnötiges Zeug, was man nicht braucht.

Geld verdirbt den Charakter. Das muss nicht sein, wenn man das lernt.

Aluzinar con el dinero.

Los demonios aluzinan con

el dinero.

Ich liebe die Mittelschicht. Für die
Reichen bin ich weder dafür noch dagegen.

Es gibt Reiche, die können mit ihrem
Geld gut leben. Die kannst Du aber
an einer Hand abzählen.

Ich verrat euch ein kleines Geheimnis:

Die Reichen leben von den Armen,
nicht die Armen von den Reichen.

Der amerikanische Traum;

wenn ich groß bin, verprügele ich
euch alle.

Nur Doofe haben solche Träume.

Kein Wunder, wenn man sich andauernd in den Arsch ficken lässt.

Ich habe nichts gegen Geld, solange
es nicht zur Religion wird.

Der gesündeste Traum ist in die Mittelschicht reinzukommen.

Die leben am besten.

Wir haben eine der besten Regierungen der Welt. Uns geht es so gut wie noch nie und Probleme werden wir immer haben.

Die Philosophie des Geldes. Soll jemand anderes das Buch schreiben. Ich schreibe es nicht. Damit kannst Du eine Menge Geld verdienen, wenn es gut ist.

Eine Frau meinte zu mir: Geld und Sex regieren die Welt.

Ideen regieren die Welt, nicht Sex und Geld.

Statussymbole sind geil. Das hat nichts mit Geld zu tun, sondern eher mit Geschmack.

Ich bin kein Schriftsteller, ich bin ein Prophet.

Nicht der Prophet, sondern ein Prophet.

Ich habe auch Fehler. Ich neige zu Größenwahn. Na und?

Auch Petrus hatte Fehler, als er mit den Juden heuchelte.

Und glaubt diesen Massenpredigern nicht, die ihre Stimme verstellen, um anzudeuten, sie seien vom Heiligen Geist erfüllt.

Sie suchen, nur Menschen zu gefallen, nicht Gott.

Paulus und Moses und viele andere
aus der Bibel waren schüchtern.

Ich bin keine Religion, sondern
Christ.

Liebesbrief

von Oscar Garcia

an eine Frau, die ich mag

In diesem Brief möchte ich Dir schreiben, was ich für Dich empfinde.

Wir sehen uns immer nur im Vorbeigehen und deswegen habe ich mich entschlossen, Ihnen zu schreiben.

Wären Sie eine Arbeitskollegin, wäre es einfacher für mich gewesen.

Ich habe Respekt vor dem Vorgesetzten. Das hab ich im Blut. War zu lange beim Bund. Und außerdem bin ich auch noch schüchtern.

Wenn ich Sie sehe, entspannt sich mein ganzer Körper. Ich kann Sie stundenlang angucken, ohne dass mir langweilig wird und ich finde Sie sehr, sehr erotisch.

Wie gesagt: Ich brauche Sie nur zu sehen, geht's mir den ganzen Tag gut.

Weil alles, was Sie mir geben, so unendlich gut tut.

Vielleicht können Sie mir ja zurückschreiben.

Ich habe keine Flöhe im Bauch, ich liebe Sie mit der Seele.

Oscar Garcia

Geh und sündige nicht mehr, dass
Dir nicht etwas Schlimmeres wider-
fährt.

Die meisten Menschen können gar
nicht ficken, sie können nur absprit-
zen.

Im Detail sitzt der Teufel.

Ein Engel hat John Lennon umgebracht.

Würde gerne wissen, wer Kennedy
umgebracht hat.

Ich gehört, die Rüstungsindustrie.

Ich weiß nur eins, so ein Ku-Klux-Klan schafft nicht, einen Obama umzulegen.

Ich habe immer Komplexe gehabt, weil ich einen kleinen Penis habe.

Ich habe nicht den kleinsten Penis der Welt, aber einen asiatischen.

Heute weiß ich, dass das viel geiler ist.

Mit einem kleinen Penis kann man eine Frau in den Hintern ficken.

Mit einem großen geht das nicht.

Zu Beziehung

Wenn es mit dem Bauch nicht klappt, dann brauchen wir es mit dem Kopf gar nicht erst zu probieren.

Der Islam kommt nach Europa.

Das ist so sicher wie sonst was.

Nicht türkische Gastarbeiter, sondern der Islam.

Kein Grund, Ängste zu haben.

Das Volk ist immer ängstlich. Oh, die Japaner kommen. Die machen unsere Wirtschaft kaputt.

Oh, die Chinesen kommen. Und, und, und.

Ich habe schon mal geschrieben, wir leben in unserer Gesellschaft mit Problemen und ich bin sicher, dass wir das mit den Islamisten lösen werden.

Und die ganze Panikmache wie die AFD sollen sich ihre Panik in den Hintern schieben.

Die Bild-Zeitung lebt von den Ängsten der Menschen. Kein normaler Mensch liest die Bild-Zeitung. Die Bild-Zeitung hat noch nie die Wahrheit gesagt. Sie übertreibt oder untertreibt andauernd.

Nichts ist in der Welt los. Nichts von dem ich wüsste.

Natürlich habe ich Ängste. Jeder Mensch hat Ängste, aber sie bestimmen nicht mein Leben.

Islamisten haben den gleichen Status wie Kriminelle. Seit wann hat ein Staat Angst vor Kriminellen.

Man kann nicht einfach so einen Minister umbringen, egal wie viele Feinde er hat.

Natürlich ist das möglich, alle 10.000 Jahre.

Genauso gut kann man Angst vor Aids haben. Das ist realistischer.

Nie wieder Vietnam. Nie wieder Verbrechen an der Menschheit.

Hitler war ein gefallener Gott oder Engel oder so was.

Er hatte Macht. Menschen haben nicht so viel Macht.

Der Vietnam-Krieg war der grausamste Krieg aller Zeiten. Das kann man ungefähr vergleichen mit den Konzentrationslagern.

Würde gern wissen, wer für diesen grausamen Krieg verantwortlich war.

Hitler hatte so eine Macht, dass ein Mann den zweiten Weltkrieg auslösen konnte.

Die meisten Menschen der Welt wissen nicht, wer Jesus umgebracht hat. Das waren nicht die Römer, nicht die Juden, Judas hat Jesus umgebracht.

Ich weiß nicht, wie viele Sünden es gibt, aber Verrat gehört zu den Top Ten.

Die Christen meinen, wir müssen allen vergeben. Das stimmt nicht. Jesus hat Judas auch nicht vergeben.

Ich weiß nicht, warum so viele Arschlöcher als Ärzte arbeiten. Scheint wohl der Lieblingsberuf für Arschlöcher zu sein.

Lotto ist die Hoffnung der Doofen.

Angst ist ein gutes Mittel, um die Menschen zu kontrollieren. Dazu gehört die Lüge. Aber heut zu tage wird es immer schwieriger, die Lüge zu verstecken.

Die Macht der Angst ist die Lüge. Um die Lüge zu verstecken, muss man das Internet verbieten, das Radio verbieten, das Fernsehen verbieten, und, und, und.

Und die Lüge zu verstecken wird immer schwerer.

Die Armen können hier in Deutschland ein schönes Leben führen, nur nicht rauchen. Ich weiß nicht, warum der Staat will, dass die Armen nicht rauchen.

Man sagt, Tabak ist schädlich. Das stimmt. Ich kann Ihnen aber auch eine ganze Din A4 Seite schreiben, wofür Tabak gut ist.

Die Spanier haben mich gefoltert und ins Gefängnis gesteckt. Als ich aus der Gefahrenzone raus war, kam eine Immobilien-Krise übers Land, so dass jeder fünfte sein Vermögen verlor.

Zu Spanien:

Franco ist zwar gestorben, aber die Leute in den oberen Plätzen sind geblieben, die Polizei-Chefs, usw.

Nur Franco ist gestorben. Seine Leute nicht.

Zu den Spaniern sage ich: Ihr hattet eine Immobilien-Krise. Wartet mal ab, bis ihr eine Touristen-Krise kriegt.

Ihr fragt, wie das möglich ist. Man
braucht nur nicht mehr auf braunge-
brannte Frauen zu stehen, sondern
auf blasse Frauen stehen. Das hatten
wir schon mal. Dann könnt ihr mit
den Griechen feiern gehen.

Spanien ist das einzige faschistische
Land in Europa.

Als Hitler gestorben war, hat man
alle Nazis enteignet. In Spanien nicht.

Viele Sachen weiß ich nicht, ich
glaube sie nur. Natürlich hat mein
Glaube Fehler.

Ich fragte mich, wie Gott Mensch sein kann. Gott ist kein Mensch. Im Himmel sieht Jesus ganz anders aus.

Man fragte mich, was Tabak gutes hat. Tabak fördert die Konzentration, Tabak fördert das Gleichgewicht, Tabak fördert die Intelligenz. Ich glaube, Tabak ist die einzige Droge, die nicht Sünde ist, weil sie das Bewusstsein nicht verändert.

Ich weiß nicht, gefallene Engel kommen auf die Erde und dann in die Unterwelt. Kann auch sein, dass manche direkt in die Unterwelt kommen.

Wie Paulus schreibt: Wir werden über Engel richten.

Damit meint Paulus bestimmt nicht die Engel im Himmel.

Die Hölle gibt es noch nicht. Die würde es erst am Ende der Zeit geben. Wo Bücher aufgeschlagen werden, und wer nicht im Buch des Lebens stand, wurde in den Feuer-See geworfen.

Der Feuer-See ist ein Friedhof, da ruht man für immer.

Was bin ich froh, dass Gott gut ist und nicht ein Mörder wie bei den Islamisten.

Manche meinen, Christen wären nett. Sie sind nett, aber nicht doof. Die meisten denken, die Christen seine doof. Wie gesagt: Ich habe in der Bibel keinen Doofen gefunden.

Als ob Gott auf Doofe stehen würde, so benehmen sie sich.

Und die Welt kennt keiner, nicht mal die Engel im Himmel.

Wir leben in der Zeit der Gnade und keiner freut sich über das Ende der Welt. Würden sie sich freuen, wenn man 20 Atombomben über der Türkei abwirft? Nein, ich auch nicht.

Christus kam auf einem Maulesel nach Jerusalem. Wenn er wiederkommt, wird er nicht mehr auf einem Maulesel kommen.

Es gibt Propheten, die Christen sind. Es gibt aber auch Propheten, die nicht Christen sind. Meint ihr, Gott wäre Amerikaner oder Europäer? Meint ihr nicht, er wäre auch ein Gott der Afrikaner?

Fast jedes Volk hat Heilige und Propheten. Wenn es die nicht mehr gibt, schmeißt man 100 Atombomben auf die Welt und das war's dann.

Es un jenio de la pintura.

Zu der Autoindustrie sage ich: Geschmack ist gefragt, nicht protzen.

Gott spricht durch die Propheten.

Für die Vergehen im Vietnam-Krieg waren nicht die Amerikaner verantwortlich, sondern die Vietnamesen. Man hätte alle Vietnamesen vor's Kriegsgericht stellen sollen. Dass man das nicht getan hat, verstehe ich nicht. Oder ist im Krieg alles erlaubt.

Die Vietnamesen tragen die Verantwortung für diesen grausamen Krieg. Man kann die Grausamkeit der Vietnamesen vergleichen mit Konzentrationslagern, dagegen waren noch die Nazis human.

Was mussten Vietnamesen wahnsinnig gewesen sein für solche Grausamkeiten an der Menschheit.

Früher konnten sich nur die oberen Zehntausend einen Mercedes leisten, heute kann das jeder Vollidiot.

Man fragt mich, ob man solche Sachen wie Hitler vergessen sollte. Ich glaub nicht.

Die Juden essen bis heute bittere Kräuter, um sich an die Grausamkeit der Sklaverei zu erinnern.

Ich ficke nicht mit verheirateten Frauen, ich geh lieber in den Puff. Das kann ich besser mit meinem Gewissen vereinbaren.

Ich habe einmal zwei Jahre nicht geschlafen und habe ein Jahr Stimmen gehört: „Schmeiß dich vor den Zug, dann kommst du in den Himmel."

Ich weiß nicht, woher diese Stimmen kamen. Ich kann mir vorstellen, Engel aus der Unterwelt.

Vor den Dämonen, Geistern und was es sonst noch so gibt, habe ich keine Ängste. Aber vor Engeln habe ich Respekt.

Ich klage selten jemand vor Gott an. Als mir einer zwei Zähne ausgeschlagen hat, habe ich ihn auch nicht angeklagt. Aber wenn ich jemand anklage, vergebe ich ihm selten.

Die Künstler sind Prediger. Früher hat man sie isoliert, verfolgt und getötet, wie zu der heutigen Zeit in der Türkei.

Van Gogh war ein Künstler ohne Glauben, deswegen lieben ihn die Reichen so sehr.

Er war der armseligste Künstler, den ich kenne.

Picasso hatte einen Glauben. Er war gegen den Faschismus.

Paul Gauguin hatte einen Glauben. Er setzte sich für die Menschen auf Haiti ein.

Meine Bilder predigen Liebe, Glaube, Hoffnung und setzen sich für eine schönere Welt ein.

Es hat immer einen Grund, warum man irgendetwas kann.

Die Nazis haben versucht, die Seele des Menschen zu töten.

Die Neureichen gehen mir auf die Nerven. Sie sind nicht glücklich, sondern besoffen.

Sobald sie nüchtern werden, kriegen sie Depressionen.

Liebe kann man nicht kaufen.

Das Asylproblem kann man nicht lösen, dann sollte man es so klein wie möglich halten.

Auch die Propheten in der Bibel haben Fehler.

Als Petrus mit den Juden heuchelte, wies ihn Paulus zurecht.

Wer keine Fehler hatte, war Christus, mein Herr.

Und die Offenbarung des Johannes versteht kein Mensch. Sie ist höchstwahrscheinlich für Engel geschrieben.

Selbst Paulus verstand sie nicht ganz.

Wovon eine hohe Lebensqualität in einer Stadt abhängt, ist nicht nur ein guter Arbeitsmarkt, sondern auch, dass es Wohnungen gibt. Ich kannte mal einen Ingenieur, der lebte in einer Stadt mit einem guten Arbeitsmarkt und hat 15 Jahre in einer Wohnung gelebt, die er hasste, weil der Wohnungsmarkt schlecht war. So etwas senkt natürlich die Lebensqualität.

Man fragte mich, warum ich so viel Energie habe. Ich habe nicht so viel Energie, weil ich so viel Energie habe, sondern weil ich so wenig Energie verbrauche.

Viele Menschen verbrauchen die Hälfte ihrer Energie nur wenn sie von A nach B gehen und sind dann meistens überfordert.

Jeden Abend entspanne ich vor dem Einschlafen und denke an irgendetwas Schönes.

Spinnen, Wespen und Raben sind Boten von der Unterwelt.

Nervenkrank war ich noch nie.

Van Gogh predigte Geld, deswegen mögen ihn die Reichen so sehr.

Tabak ist so teuer geworden, dass bald nur noch die Reichen rauchen dürfen. Dabei bedeutet das für den Armen mehr Lebensqualität.

Geizige kann die Bibel nicht ab. Ich auch nicht.

Man sagt Frauen stehen auf harte Männer. Das stimmt nicht. Frauen stehen auf starke Männer.

Du musst nicht das ganze Buch verstehen. Es reicht, wenn Dir ein Satz
hilft.

Von der Einsamkeit in den Alltag.
Und als Antwort Alkohol. Was für ein
Leben.

Es gibt nicht nur Propheten des
Lichts, es gibt auch dunkle Propheten.

Erst waren wir Besessene.

Dann geisteskrank.

Dann nervenkrank.

Dann gehirnkrank.

Bin mal gespannt, was als nächstes kommt.

Ich kann die Leute nicht ab, die Geld als Religion haben. Das hat nichts mit reich oder arm zu tun. 90 % der Weltprobleme gehen auf die Kappe dieser Leute. Angefangen vom Klimawandel bis zu Asylanten, und und und… und vielleicht kriegen sie die Welt sogar ganz kaputt. Wie gesagt, das hat nichts mit reich und arm zu tun. Es gibt viele Reiche, die sich für diese Welt einsetzen.

Heilige sind nicht Menschen mit langen weißen Gewändern und einem Bart. Es gibt auch Politiker, die Heilige sind.

Wer Christ wird, hat dem Teufel den Krieg erklärt, ob er will oder nicht. Der Teufel wird dich ein Leben lang nicht in Ruhe lassen. Du wirst alle deine Freunde verlieren, die nie deine Freunde waren. Deine Familie wird sich gegen dich stellen und vielleicht verlierst du sogar deinen Arbeitsplatz und und und. Man wird dir dauernd sagen, das bildest du dir ein oder du bist verrückt. Man wird dich aus der Gemeinde rausekeln und und und.

Glaub nicht den Scheinheiligen in den Gemeinden, die Freunde haben, Familie, Arbeit und und und. Und führen keinen Kampf. Die Toten lässt der Teufel in Ruhe. Und was sie in den Gemeinden predigen, nur leeres Geschwätz.

Lasst die Toten ihre Toten begraben. (aus der Bibel)

Wer Vater oder Mutter oder Tochter mehr liebt als mich, ist meiner Liebe nicht wert. (aus der Bibel) Ich fragte mich, was für eine Weisheit steckt dahinter?

Sollen wir etwa unsere Eltern nicht lieben? Die Weisheit die dahinter steckt, ist, dass man den Teufel mehr liebt als Gott.

Wenn ihr wüsstet, wie man Christen in der Psychiatrie behandelt. Man behandelt sie schlimmer als Kriminelle.

Denn ich bin gewiss, dass diese Art Leiden nicht ins Gewicht fallen wird, mit der Herrlichkeit, die an uns offenbar werden wird. (aus der Bibel)

Man sagt, Geld verdirbt den Charakter. Das stimmt nicht. Liebe zu Geld verdirbt den Charakter.

Geiz ist eine der schlimmsten seelischen Krankheiten, die ich kenne. Sie wird in der ganzen Bibel verflucht. Geiz kriegt alles kaputt. Den Segen, die Persönlichkeit, Glück bis hin zum Humor. Man verbittert regelrecht. Ich kann mir sogar vorstellen, dass Geiz impotent macht.

Die Macht der Wahrheit.

Du hast gelernt zu lügen. Du kannst aber wieder lernen, die Wahrheit zu sagen. Das musst du nicht können, das kannst du lernen. Wenn du lernst, wieder die Wahrheit zu sagen, wirst du sehen, dass dein ganzes Leben sich verändert. Du wirst Verantwortung lernen und alles, was du machst, klappt, wenn du zu 97 % die Wahrheit sagst. Das heißt nicht, dass du jedem dein Leben erzählen musst. Du kannst auch schweigen, wenn dir irgendetwas nicht gefällt. Jesus hat auch geschwiegen, als man ihn verhört hat. Dein Leben wird auf einmal einen Sinn haben.

Einmal fragte mich einer, er kennt eine Prostituierte, die in die Kirche geht. Ob das richtig oder falsch sei.

Ich schwieg. Nachdem er mich mehrmals drängte, sagte ich zu ihm, wenn Prostituierte nicht in die Kirche gehen können, dann können Homosexuelle auch nicht in die Kirche gehen. Alkoholiker auch nicht, Geizige auch nicht, Ehebrecher auch nicht, und das sind 70 % der Bevölkerung. Da sagte er zu mir, dann dürfen nur 30 % der Bevölkerung in die Kirche gehen. Ich antwortete ihm, die 30 %, die übrig bleiben sind noch schlimmer.

Ich kannte mal einen Mann, der ver-
prügelte ab und zu mal seine Frau.
Und wenn die Frau ihm drohte, ihn
zu verlassen, bedrohte er sie mit einem Messer. Als man ihn fragte, warum er das tue, antwortete er, weil
er sie so sehr liebe.

Was manche unter Liebe verstehen???

Manche verehren Christen wie einen
Pop-Star. Christus ist kein Pop-Star.

Als er die 5000 Leute speiste, wollten
sie auch einen Pop-Star aus ihm machen. Da entwich er ihnen.

Und zum Mercedes sage ich, wenn sie in den nächsten 20 Jahren nicht die Kurve kriegen, sind sie out. Sehet, nur Türken fahren jetzt Mercedes. Irgendwann mal ist der Ruf ruiniert, wenn er es nicht jetzt schon ist. Früher war Mercedes eine edle Karosserie für Adelige. Jetzt ist das ne Schrottkiste für Türken.

Ein Moslem freut sich mehr, wenn er dich um 10 Euro bescheißt, als wenn er 50 Euro ehrlich verdient. Moslems sind stark im Einzelhandel, wo sie dich bescheißen können. Setzen Sie einen Moslem als Geschäftsführer einer Firma mit 200 Mitarbeitern ein. Er würde nicht zögern, für eine halbe Million die ganze Firma in Gefahr zu bringen. Ein Glück scheuen Moslems Verantwortung, sonst hätten wir sie bald in der Politik hängen. Es gibt keine ehrlichen Moslems. Moslems kriegen alles kaputt.

Genau wie die Bibel für gute Menschen geschrieben ist, ist der Koran für böse Menschen geschrieben. In der Bibel finden gute Menschen Bestätigung und eine Heimat. Genau so ist es im Koran für böse Menschen. Auch dort finden böse Menschen Bestätigung und eine Heimat.

Zu den Moslems sage ich, noch nie ist ein Arschloch ins Paradies gekommen, geschweige denn ein Lügner oder ein Mörder.

Was bin ich froh, dass Gott gut ist und nicht ein Mörder wie bei den Islamisten.

Ihr könnt die Verantwortung nicht beim Arzt abgeben.

Es gibt Ärzte, die würden euch am liebsten beide Beine brechen, wenn sie es könnten. Und manchmal tun sie das auch.

Ihr müsst euch vorstellen, was für eine Gehirnwäsche man einem 11jährigen Mädchen verpassen muss, damit es in einer deutschen Schule als einzige ein Kopftuch tragen muss.

Wenn der Teufel euch ein Haus anbietet, seid ihr mindestens eine Fab-
rik wert. Und wenn er euch eine Fab-
rik anbietet, seid ihr mindestens eine
Stadt wert. Das kann man auch im
Kleinen sehen.

Böse Menschen denken immer,
nette Leute seien doof. Kein Wunder. Bei dem Bild, das die Christen in
den Gemeinden abgeben. Nur wegen
euch gerät der Name des Herrn in
Verruf. (aus der Bibel)

Ich sah einen Junkie, der bettelte am Straßenrand. Und einen Ingenieur, der hatte Haus und Hof. Im Himmel wird der Junkie von morgens bis abends geliebt. Den Ingenieur lieben nicht einmal die Ratten. Seid nicht neidisch auf die Übeltäter, denn wie das Gras werden sie verdorren. (aus der Bibel)

Die Islamisten töten alle Heiligen und Propheten.

Es ist kaum vorstellbar, dass ein Wesen neben Gott alle 7 Milliarden Menschen auf der Erde kennt. Und er kennt sie genau. Das ist der Teufel. Er weiß, was du magst, was du begehrst, wo deine Schwächen sind, wo deine Stärken sind, bis hin zur Lieblingsfarbe. Er bietet dir andauernd das an, was du nicht hast.

Und Religionen hat er massig für alle. Er hat Religionen für Schwache, für Starke, für Linke, für Rechte, für Reiche, für Arme und und und. Selbst für böse Menschen hat er Religionen. Kann man sich kaum vorstellen, aber es gibt Menschen in unserer Mitte, die glauben, wenn sie böse sind und von Hass erfüllt, kommen sie ins Paradies. Ich dachte immer, böse Menschen seien Atheisten. Das stimmt nicht. Selbst die haben Religionen.

Die Geschichte von Erik

Erik wurde in Wuppertal geboren, wo er auch aufwuchs. Er hatte einen Cousin, der war 4 Jahre älter als er und war für ihn wie ein Halbgott. Immer wenn er Probleme hatte oder irgendwelche Sorgen, ging er zu ihm und fragte ihn um Rat. So ging das Jahr für Jahr. Mit sechs Jahren wurde er eingeschult und kam später in die Realschule.

Er erzählte immer seinem Cousin Jens, dass sein Leben sehr fad sei. Jens, sein Cousin, machte ihm klar, dass er noch zu jung sei und dass, wenn er in der Ausbildung ist, sich alles ändern würde. Er würde sein erstes Geld verdienen und es würde dann alles anders sein. Und Erik kam in die Ausbildung und es änderte sich bei ihm nichts. Jens machte ihm klar, dass Ausbildungsjahre keine Herrenjahre sind und dass, wenn er einen richtigen Job später als Geselle bekommt, sich alles ändern würde. Und Erik schloss die Ausbildung ab und bekam eine Arbeit als Geselle. Aber bei ihm änderte sich nichts. Da meinte Jens: „Was du brauchst ist eine Frau, dann wird alles anders. Du wirst sehen." Und Erik bekam eine Frau und trotzdem änderte sich bei ihm nichts. Da meinte Jens: „Was ihr braucht sind Kinder, dann wird alles ganz anders." Und die Frau gebar ihm zwei Kinder. Doch in Eriks Leben änderte sich nichts.

Die Ehe von Erik verlief mehr recht als gut. Es gab keine besonderen Höhepunkte, aber sie stritten sich auch wenig.

Da war nichts Besonderes. Erik ging arbeiten und die Frau kümmerte sich um den Haushalt und die Kinder.

Aus der Ehe: Frau Anne: „Erik, zieh den blauen Anzug, den ich dir von der Reinigung gebracht habe, an. Pastor Hans hat uns zum Essen eingeladen. Die Kinder dürfen wir auch mitbringen." So ging das Jahr für Jahr. Sonntags gingen sie in die Gemeinde und ab und zu mal freitags gingen sie mit den Kindern in den Zoo.

Und Erik fiel in einen tiefen Traum. Und ein Engel erschien ihm: „Erik! Erik! Wach auf! Der Satan steht vor deiner Tür und verlangt nach deiner Seele!"

Entsetzt erwiderte Erik: „Aber, aber?"

Der Engel: „Nix aber."

Erik: „War ich nicht jeden Sonntag in der Gemeinde?"

Der Engel: „Das mit der Gemeinde war doch mehr ein Hobby für dich."

Erik: „Aber, aber."

Der Engel: „Nix aber.

        Deine Frau und deine Kinder meinst du?

Erik: „Aber, aber."

Der Engel: „Nix aber. Wusstest du nicht, dass du weder deine Frau noch deine Kinder noch deine Überstunden mitnimmst?"

Erik: „Aber, aber."

Der Engel: „Deinen Cousin meinst du? Das war nicht dein Cousin, das war der Satan. Und du hast ihm eifrig zugehört."

Erik: „Aber, aber."

Der Engel: „Nix aber."

Der Engel: „Und dem polnischen Arbeitskollegen, dem ihr das Leben bei der Arbeit zur Hölle machtet und der jeden Abend zu Gott gefleht hat, er soll ihm die Arbeit ein wenig leichter machen, und du an der Spitze."

Erik: „Aber, aber."

Der Engel: „Nix aber. Wusstest du nicht, dass Gott keine halben Sachen mit niemand macht?"

Da erschien ihm ein zweiter Engel aus dem Hintergrund und sagte zu ihm: „Du wirst nicht sterben."

Da wachte Erik auf der Intensivstation eines Krankenhauses auf.

Wenige Minuten später kam der Arzt rein: „Sie haben einen Schlaganfall gehabt."

Da weinte Erik bitterlich.

Nach zwei Wochen wurde er aus dem Krankenhaus entlassen.

Zuhause sprach Erik kaum ein Wort und war total in sich gekehrt. Seine Frau Anne meinte, das wird sich schon wieder legen.

Er erzählte von diesem Traum keinem. Nach drei Monaten wurde er wieder arbeitsfähig geschrieben. Doch dieses Mal war alles anders. Er half dem polnischen Kollegen, was seine Mitarbeiter nicht verstanden und sich empörten. Sie fingen an Erik das Leben schwer zu machen. Als zum Beispiel Erik nach einem

Werkzeug suchte, schickten sie ihn immer von einem zum anderen.

Erik: „Hans, kannst du mir sagen wo der Knarrenschlüssel ist?"

Da meinte Hans: „Geh zum Peter."

Da ging er zum Peter und fragte das gleiche und er schickte ihn zum Klaus.

Nachmittags, kurz vor Feierabend, kam der Chef und fragte ihn, ob er eine Extraeinladung bräuchte, wieso er mit der Arbeit nicht fertig wäre. So ging das Tag für Tag und keiner der Kollegen half ihm. Nach mehreren Wochen kündigte Erik seine Arbeit.

Zwei Wochen später erfuhr das seine Frau.

„Erik, bist du denn von Sinnen? Wie kannst du die Arbeit kündigen? Wie sollen wir unsere Eigentumswohnung bezahlen?"

Traurig guckte Erik zu Boden und sagte: „Wir können uns ja eine günstigere, kleinere Mietwohnung suchen."

Da erwiderte seine Frau: „Ich will aber nicht in eine kleinere Mietwohnung."

Zwei Wochen später sagte seine Frau: „ Entweder gehst du oder ich gehe. Die Kinder nehme ich mit."

Ein paar Tage später sagte Erik zu seiner Frau, dass sie ihm ein paar Wochen Zeit lassen solle, er würde sich ein Apartment suchen.

In der Gemeinde erzählte Erik, dass es nicht egal ist, was man macht, was man denkt und was man glaubt.

Da empörten sie sich in der Gemeinde und ekelten ihn raus.

Erik suchte sich ein Apartment, wo er dann einzog. Abends, ohne Grund, verrutschte die Nachbarin über ihm die ganze Nacht die Möbel. Da wusste er, dass er da nicht bleiben konnte. Er suchte sich ein anderes Apartment, wo nachts der Nachbar mit dem Hammer gegen die Heizung schlug. Da wusste er, dass er in keinem Apartment klar kommen würde.

Er erinnerte sich, dass er noch 2000 Euro auf dem Sparbuch hatte und entschloss sich ein Gartenhaus zu kaufen. Schließlich fand er eins, wo er dann einzog. Er fand eine Gemeinde, wo nur zehn Leute verkehrten und wo man ihn in Ruhe ließ.

Eines Tages kratzte vor der Tür vom Gartenhaus eine entflohene Hauskatze, die er dann bei sich aufnahm. Da er nirgendwo gemeldet war, bekam er kein Geld, so dass er mit der Gitarre das Wenige, was er brauchte, sich erbettelte. Das Gartenhaus, in dem er lebte, war feucht und kalt, aber er konnte wenigstens schlafen.

Eines Tages kam ein strenger Winter und Erik starb und wurde von den Engeln in Abrahams Schoß getragen. Zwei Tage später fand ihn die Feuerwehr tot in seinem Gartenhaus.

Da meinte einer der Feuerwehrleute: „Hast du schon mal so einen Toten mit so einem Lächeln gesehen?"

Und die Moral von der Geschichte: Für manche ist das eine traurige Geschichte, für manche eine fröhliche.

Lebenslauf
Oscar Garcia

1964	**geboren in Wuppertal, Germany**
	Ausbildung als Elektriker
1984	**Bekehrung zum Christentum**
1989	**Attentat von der Unterwelt**
	Begraben unter einem LKW mit 40 Tonnen Last
	Fall der Berliner Mauer
2001	**Sturz in den Atlantik.**
	Die Polizei fischt mich um 6.00 Uhr nachts, morgens aus dem Atlantik

Ich bin ein Gegner des Islam. Sie hassen die Wahrheit, lieben den Tod, und verachten die Liebe.

Ich bin ein Prophet, nicht der Prophet. Von Berufung bin ich Soldat, mit dem Rang eines Offiziers. Verwechseln Sie mich nicht mit einem General. Apostel sind Generäle.

Das meiste in dieser Welt passiert im Verborgenen.

Ich bin der Fürst von Monaco. Möge das bedeuten, was auch immer.

Oscar Garcia,
Wuppertal 2010

Öl-Gemälde von Oscar Garcia

94

Nachwort

Dieses Buch brauchen Sie nicht ganz zu verstehen, es reicht, wenn ein Satz Ihr Leben verändert.

Wuppertal

Oscar Garcia Fernandez